22876

C'est toujours bien

© 1994, Éditions Milan, pour la première édition
© 2007, Éditions Milan, pour le texte et l'illustration
de la présente édition
300, rue Léon-Joulin, 31101 Toulouse Cedex 9, France
Loi 49-956 du 16 juillet 1949
sur les publications destinées à la jeunesse
ISBN : 978-2-7459-2508-4
www.editionsmilan.com

Philippe Delerm

C'est toujours bien

Goûter après la baignade

Il fait très beau, très chaud, et la piscine est pleine de monde. De tous les côtés, ça saute, ça crie. Les rires et les éclaboussures se mélangent, et on a l'impression qu'on ne pourra jamais trouver sa place dans toute cette pagaille éblouissante. Heureusement, le bassin est en forme de grand haricot, et il y a des espaces où l'on peut nager. Enfin, juste quelques brasses, avant de prendre un ballon sur la tête. Mais ce qui est magique, c'est que, dès qu'on est dans l'eau, on ne sent plus du tout cette excitation. On est simplement bien, tout souple et léger, tout frais surtout – c'est comme une grande paix qui vient de l'intérieur.

On n'arrive pas très tôt – quatre heures et demie, au moins. Maman tient absolument aux deux heures de digestion après le repas. Pourtant, il y a beaucoup d'autres mamans qui pensent qu'on peut filer à l'eau juste après manger, mais, manque de chance, on n'a pas une maman comme ça. En plus, après le déjeuner, il faut faire les devoirs de vacances, et le temps semble long sur les divisions à virgule, et surtout sur la rédaction. Le plus embêtant, c'est quand on vous demande de décrire une journée de vacances : rien de plus ennuyeux que de raconter la piscine au lieu d'y aller.

Quand on arrive, une jeune fille vous demande si vous préférez un casier ou un panier, pour ranger vos affaires. Elle, elle préfère le casier, parce qu'elle n'a qu'à donner la clé. Mais on aime mieux le panier, avec son cintre, et le petit compartiment pour ranger les chaussures. En haut, il y a un numéro, et un bracelet jaune, avec le même nombre. Le bracelet, c'est bien, surtout quand on l'attache autour de la cheville : on a l'impression d'être décontracté, sûr de soi. On se déshabille dans une cabine, en essayant de ne pas mouiller ses espadrilles dans les flaques d'eau. C'est vite fait de se préparer : on n'a qu'un tee-shirt et un short. On arrive au bord du bassin bien avant les parents. Ça fait partie des traditions : il faut déjà être dans l'eau quand ils débouchent enfin des vestiaires, avec leur grand panier, leur petit air frileux. On leur fait un grand signe de la main en criant : « Venez vite, elle est superbonne ! » En fait, on sait qu'ils vont trouver l'eau froide, et on exagère un peu en plongeant près d'eux et en disant qu'elle n'a jamais été si chaude.

Après, on ne s'occupe plus beaucoup des parents. Eux, ils font des longueurs de bassin avant d'aller se faire bronzer sur leur serviette. Mais on n'a pas envie de sortir de l'eau si vite. On essaie toutes sortes de sauts acrobatiques depuis le bord. Et puis après, on fait quelque chose de beaucoup plus intéressant encore, quelque chose de défendu. Le sol de la piscine est couvert de minuscules carrés de mosaïque bleus, et certains commencent à se détacher. Alors on plonge, là où il n'y a pas trop d'eau, et on est comme un pêcheur de perles : on va chercher au fond de l'eau un trésor de carrés bleus. Quand on en trouve, on va les cacher sous sa serviette ou au fond du sac de plage, en faisant bien attention de ne pas croiser le regard du maître nageur. S'il savait qu'on collectionne les carrés bleus depuis deux ans déjà ! S'il pouvait voir tous ceux qu'on a disposés en forme de fleur sur la table de nuit !

Entre deux plongeons, Maman propose de goûter, mais on lui dit d'attendre – après, on ne pourra plus retourner à l'eau. Le bon moment pour goûter, c'est quand les gens commencent à s'en aller. Comme par hasard, le soleil se met à quitter la piscine, lui aussi. On a presque froid, tout à coup, et on a la peau toute blanche, toute rugueuse. On s'entortille dans la grande serviette, et c'est là qu'on retrouve le pain, le beurre, le chocolat. Pain, beurre, chocolat, d'habitude on n'en raffole pas tant que ça. Mais après la piscine, le chocolat et le beurre un peu fondus ont un goût, une douceur tout à fait spéciale, et le pain est si moelleux ! Vous pouvez toujours essayer de faire fondre un peu de beurre et de chocolat sur terrain sec. Rien à voir ! Non, ce qui est bon dans le pain-beurre-chocolat, c'est la baignade.

Voyager sur un planisphère

Le planisphère est accroché au mur de la classe, à gauche du tableau. C'est une carte qui paraît immense, parce qu'elle représente le monde entier, avec des lignes arrondies vers les deux pôles. C'est une carte magique, car elle voudrait être ronde et qu'elle reste parfaitement plate. C'est comme si elle était à la fois ronde et plate, à la fois immobile et pleine de vertige. Cela fait longtemps sans doute que le planisphère est accroché là. Il paraît que, depuis, la Haute-Volta s'appelle Burkina Faso, mais c'est le monde quand même. Les lacs et les rivières sont bleu pâle, et les océans plus pâles encore. Les montagnes sont jaune moutarde, les déserts jaune citron. En vert, ça doit être les forêts, mais les plaines aussi – il n'y a quand même pas toutes ces forêts en France ! Tous les pays, tous les continents sont enfermés dans un quadrillage de lignes bleu foncé – les méridiens et les parallèles.

Le planisphère est accroché là, mais on ne s'en sert presque jamais. C'est peut-être pour ça qu'on a presque oublié qu'il est là pour la géographie. En fait, le planisphère, c'est ce qu'on regarde en rêvassant quand on a terminé un devoir. Pendant les leçons aussi, quelquefois, on se met à voyager sur ces couleurs et sur ces noms : Antananarivo, Addis-Abeba, Zanzibar, Dar es-Salaam. Pour l'Amérique, un des noms qu'on préfère est Belo Horizonte, et aussi Medellín, qui n'a pas du tout l'air d'un nom de là-bas. Detroit, Boston, Balti-more… mer des Tchouktches, mer de Baffin, îles Aléoutiennes… Au début, on pense encore au nord, au sud, à la chaleur ou à la glace. Mais peu à peu, on y met des choses qu'on a dans la tête. Ce grand désert jaune citron, près de la Méditerranée, c'est le rendez-vous chez le dentiste, mercredi prochain, et la peur du dentiste devient jaune citron, aussi grande et aussi enfermée que le Sahara. Le vert pâle qui couvre une bonne partie de l'Europe se met à flotter. Vert pâle on est un peu amoureux, c'est si doux, si tranquille sur la carte, à peine acidulé. Sur le planisphère, rien à craindre, personne ne se moquera de vous ; on peut rester longtemps amoureux sur tout l'espace d'un continent, on peut rester longtemps vert pâle, heureux et un peu triste.

À côté, il y a un océan. C'est le bulletin de notes qui va arriver à la fin du trimestre, avec toutes les mauvaises notes qu'on n'a pas encore annoncées. Il faudrait arrêter la fonte des glaces, et que le vert pâle soit plus fort que le bleu de l'océan.

Jouer aux boutons

Des jeux de football, il y en a des tas. Sur des disquettes d'ordinateur, par exemple. Mais alors, on a du mal à penser qu'on est sur un terrain de foot. Le jeu le plus classique, c'est le baby-foot. Le baby, on aime bien ça, mais c'est un peu raide, un peu trop simple aussi pour ressembler vraiment au football. Dans les magasins, on trouve aussi le Subbuteo. Ça, ça ressemble déjà beaucoup plus au vrai foot. On donne des pichenettes à des joueurs, sur un terrain de feutrine : on est obligé de faire des passes, et les situations sont bien celles du foot. En plus, on peut acheter en supplément les tribunes, les supporters, les projecteurs, les panneaux publicitaires – toute l'ambiance du stade.

Mais le meilleur jeu de foot, on ne peut pas l'acheter tout à fait dans un magasin. Le vrai jeu de foot, c'est les boutons. Oui, les boutons qu'on trouve dans la boîte « Crêpes dentelles » , au fond de la mallette à couture. Il faut en trouver cinq de la même sorte, des gros ronds à fond plat : ça fait une équipe. Un très gros bouton de manteau sera gardien de but. Et le ballon, c'est un petit bouton de chemise blanc.

Quand on a fini de jouer, Maman veut qu'on les remette dans sa boîte, mais c'est très bien. À chaque fois, on passe un bon moment à les chercher, et ça fait partie du plaisir. C'est tellement beau, une boîte de boutons ! Il y en a vraiment de toutes les tailles, de toutes les couleurs, de tous les styles : des boutons noirs pour les manteaux des vieilles dames, et des roses nacrés pour les cardigans des petites filles. Il y en a même des rouges qui imitent une serrure avec un petit cache doré qui vient juste se loger sur les trous des fils. D'autres ont des fleurs en relief, et on aurait quand même du mal à les transformer en joueurs de foot !

En fait on prend toujours les mêmes : les rouges et les blancs. On pourrait presque faire une équipe de noirs, mais il faudrait en rajouter un bleu pour compléter, et ça serait moins bien. Après, on fait les buts : un crayon à papier pour la barre transversale, et des petites colonnes de pâte à modeler pour les poteaux. On prépare le terrain. Le plus souvent, on joue par terre dans la chambre, en utilisant les carreaux du Dalami. Mais parfois, Maman permet qu'on prenne la table de la salle à manger, et c'est plus agréable de jouer debout, même si ça fait un peu drôle quand un joueur tombe dans le vide.

Aux boutons, c'est vraiment du football. On peut shooter sur le côté en donnant de l'effet. Parfois même on marque sur corner direct en faisant rebondir le bouton de chemise sur un autre joueur. On fait les commentaires à voix haute, comme à la télé :

– Reprise formidable de Zidane !

– Tout à fait, Thierry !

On organise des championnats entiers avec les copains, quand ils viennent tout un mercredi après-midi. Comme c'est un jeu qu'on a créé, on ne s'en lasse jamais. Les boutons, ça vaut toutes les consoles d'ordinateur du monde !

Déballer un CD

À la maison, des CD, on en a juste une dizaine, rangés debout sur la petite table près du lit. Souvent, on les regarde, un par un, parfois en posant à côté un vieux disque microsillon des parents, pour bien voir la différence – pour s'étonner qu'on puisse enfermer autant de musique dans ce petit carré. Mais ce qui est extraordinaire, c'est quand on vient de l'acheter, qu'on se retrouve dans la rue.

On ne va pas pouvoir l'écouter tout de suite, et c'est ça qui est bien. On se débarrasse d'abord du sac en plastique, et puis, tout en marchant, on s'attaque à la Cellophane. C'est toujours un peu difficile, un peu énervant, et on finit par déchirer avec les ongles, parce qu'on n'a jamais la patience de défaire l'emballage en tirant le fil doré. Déjà comme ça, le compact est beau. Dans cette boîte très plate et transparente, il y a plein de chansons qu'on aime, et on n'arrive pas tout à fait à y croire. Papa dit que c'était mieux avant, dans sa jeunesse, quand on achetait un disque et qu'on regardait l'album, avec une grande photo au milieu. Mais on trouve qu'il a tort. Un CD, c'est tout petit bien sûr, mais c'est pour ça que c'est beau. C'est un objet précieux, raffiné : sur la gauche, la charnière presque noire, avec des rainures minces, lui donne une touche de grande classe. Les lettres aussi sont bien ; elles paraissent délicates parce qu'elles sont minuscules, au dos du disque : arrangements, producteur exécutif, réalisation. Même le code-barres est joli, sur la tranche : on dirait une espèce de piano. Sur le devant, c'est bien quand il y a la tête du chanteur, mais c'est encore mieux quand il y a un décor, un paysage, parce qu'il est tellement miniature qu'il prend une allure fantastique.

À l'angle d'une rue tranquille, on peut enfin entrouvrir le mini coffret. Là, c'est toujours fabuleux : le disque argenté est traversé par un rayon aux couleurs de l'arc-en-ciel. En inclinant le disque, on peut faire tourner l'arc-en-ciel, ou bien le faire disparaître dans la mer d'argent. C'est vraiment étrange, cet espace lisse et plein de reflets : c'est comme une autre planète, la planète secrète de la musique.

On fait glisser hors des encoches le livret avec toutes les paroles des chansons. Les lettres sont encore plus petites, mais très fines, très nettes, et on peut les lire facilement. Il y a des photos très pâles sur le fond du papier. C'est bien fait : la couverture du livret est aussi celle du disque – on a beau le savoir, ça reste mystérieux de se dire que c'est un seul objet, et on est surpris de se retrouver avec la boîte transparente. On pense déjà au bon moment qu'on passera quand on s'allongera sur son lit pour écouter, la première fois, en feuilletant le livret. Mais c'est presque plus parfait avant, dans la rue, comme si l'arc-en-ciel dans sa boîte transparente était tout à fait pur, comme s'il avait un pouvoir surnaturel. Dans mille ans, quand des archéologues trouveront des CD, ils ne sauront peut-être pas que ça servait à faire de la musique. On essaie de penser comme ça, de se dire que c'est simplement un objet très joli qui ne sert à rien, et qu'on regarde sans se lasser.

Plonger dans un pot de confiture

D'habitude, on ne fait pas vraiment attention aux objets posés sur la table; le petit déjeuner est trop rapide, trop bousculé – en mangeant sa tartine, on révise dans sa tête la leçon d'histoire. Mais un dimanche, on se lève le dernier et dans la cuisine on est seul, bien tranquille. Maman a même coupé la radio avant d'aller prendre son bain. Alors on prend d'une main le pot de gelée de groseilles et on le fait glisser vers soi. Tout d'un coup on oublie les miettes, l'auréole de café à la place du bol de Papa, on oublie le contact un peu collant de la toile cirée quand tout le monde a déjà pris son petit déjeuner. On a l'impression que le pot de confiture n'est plus quelque chose d'utile, de raisonnable, on ne voit plus le rapport qu'il a avec le beurre ou le grille-pain. C'est comme si le temps s'arrêtait, comme si le monde entier s'engloutissait dans le pot de confiture.

La gelée de groseilles est très bien pour rêver comme ça. Pour les tartines, on préfère la « fausse » confiture d'abricots, celle du supermarché. Cela semble toujours faire de la peine à Maman, mais la confiture du commerce est plus sucrée, plus douce, et puis on préfère l'abricot – c'est comme un soleil chaud qui glisse dans la gorge. Évidemment, la gelée de groseilles vient du jardin, elle est sûrement plus naturelle, meilleure pour la santé – rien que du fruit et du sucre. Difficile d'avouer à Maman que pourtant sa gelée de groseilles est légèrement acide, et puis surtout qu'on ne tient pas tellement à ce qui est naturel. Difficile de dire qu'on préfère même l'étiquette « Confiture Bonne Maman » avec des lettres rondes imprimées qui imitent une vraie écriture, à l'étiquette « Groseilles.

Jardin 97 » , à l'encre violette. L'étiquette impri-
mée est plus nette, plus froide, mais justement,
ça va bien avec le chaud et le doux de l'abricot.
Les adultes sont un peu énervants avec leur façon
de préférer toujours ce qui est vrai, fait maison,
naturel. Ils disent que c'est mieux. Ils le disent
tellement que ça devient du mieux seulement
pour les grands.

Mais la gelée de groseilles est mieux pour une
chose au moins : pour plonger dedans. On regarde
d'abord d'un peu haut, d'un peu loin, et on a l'impression d'être en avion au-dessus d'un glacier
rouge, immense. Peu à peu, on s'approche, comme
si on voulait se poser. Aucun alpiniste ne grimpe
sur ces pentes, aucun autre avion ne vole dans ce
ciel. Les montagnes de groseilles sont étranges :
elles paraissent à la fois dures comme un rubis – la
petite pierre précieuse qu'on découvre en démon-
tant une montre – et molles comme de la gélatine.
En secouant le pot, on pourrait les faire bouger.
Mais il ne faut rien secouer, rien toucher, car tout
s'enfuirait aussitôt. Il faut juste survoler le glacier

en évitant les gouffres d'ombre où le rouge devient presque noir et donne le vertige. Il y a plein de petites facettes qui ont été taillées par le passage de la cuillère, et la lampe de la cuisine donne à chaque surface une lumière différente. Aucune n'est assez grande pour qu'on puisse atterrir.

De toute façon, il ne faut pas trop s'approcher. On a sous ses ailes ce pays chaud et glacé à la fois, et c'est comme ça qu'on est bien. On ne s'imagine pas en train d'escalader ces pics de glace à la groseille. C'est plutôt comme si on devenait le paysage. Oui, on devient soi-même cet univers de froid brûlant, et on ne sait plus très bien si l'on est une mer, une montagne, un océan ou un glacier. On se sent immense et calme et on est rouge et presque transparent, un peu sucré, un peu acide. On a un grand silence rubis dans la tête. C'est comme si le temps avait disparu, et la voix de Maman qui annonce que la salle de bains est libre semble sortir d'un autre monde.

Sentir Noël

Noël! Des lumières, des cadeaux, la famille rassemblée, un petit vent léger – même quand il fait trop doux, c'est comme si on avait de la neige dans la tête, comme si on était une de ces boules en verre qu'on secoue. À Noël, on se sent un peu meilleur, et on marche dans les rues illuminées, sous les guirlandes, en se disant que pour une fois ça serait bien qu'il y ait de la vraie neige.

Mais Noël, c'est aussi une odeur. Les odeurs, c'est très important. La confiture de prunes, par exemple, sent le jardin de Grand-Mère. Le poulet rôti sent le dimanche matin. Mais d'autres odeurs sont beaucoup plus difficiles à définir. Noël, bien sûr, ça sent un peu le sapin. Quand il est là depuis plusieurs jours dans la maison, que les épines commencent à tomber, ça sent très fort, comme les petites pastilles pour la gorge – en fait, c'est une odeur triste, parce que ça signifie déjà la fin de Noël. Parfois, Noël sent aussi le parfum. Souvent les adultes s'achètent du parfum comme cadeau de Noël, et ça donne l'impression de quelque chose de très blond, de très sucré qui se mélange avec le rouge du papier cadeau – on a même l'impression que les jouets de Noël gardent cette odeur. Quelquefois, aussi, il y a le mimosa. Bien sûr, le mimosa n'a aucun rapport avec la fête de Noël, mais c'est comme ça : à cette époque-là, dans la maison, Maman met une branche de mimosa dans un bouquet, et ce parfum si jaune, et ces petites boules presque trop douces, un peu comme la peau des pêches… c'est tout à fait Noël.

L'odeur de Noël, évidemment, c'est un mélange. Et pourtant, il y a une odeur qui à elle toute seule peut faire penser à Noël : celle de la clémentine.

Quand on mange les premières clémentines, à la fin de l'automne, on n'y pense pas. Mais si on entre chez quelqu'un qui a mangé des clémentines, on s'en rend compte tout de suite, et on se dit : « C'est drôle, ça sent Noël ! »

C'est peut-être à cause de leur goût, à cause de leur couleur – cette lumière orangée, c'est bien comme la fête. Et puis la clémentine, ce n'est pas un fruit qu'on oublie tout de suite après l'avoir mangé. Avec la peau des clémentines, on fait de très jolis lampions. Il faut bien couper la peau en deux parties, et laisser en bas un filament blanc qui servira de mèche. On rajoute un peu d'huile, on approche l'allumette du filament, et voilà… enfin, presque, car il faut souvent plusieurs allumettes noircies qui trempent dans l'huile – c'est moins joli, mais on les recouvre avec le chapeau (la deuxième moitié), et on ne les voit plus. Quand on fait ça, on éteint la lumière de la cuisine, dehors la nuit semble très profonde, très bleue – c'est peut-être cette ambiance, qui fait penser à Noël ? Mais on sait bien que c'est beaucoup plus mystérieux.

C'est un peu comme quand on regarde les étoiles sans avoir envie de connaître leur nom. Est-ce que c'est la clémentine qui sent Noël, ou Noël qui sent la clémentine ?

Glisser sur le plateau-apéritif

La neige a commencé à tomber le mardi soir, vers sept heures. Ce genre de neige à grands pétales qui donne plein d'espoir. Très vite elle a couvert le sol et on a eu du mal à s'endormir. Mais à trois heures, quand on s'est réveillé, la neige tombait toujours; on la voyait bien dans la lueur du réverbère qui était resté allumé – autour, tout semblait bleu. Là, c'était déjà presque sûr. Et le mercredi matin, à huit heures, quelle fourrure! On n'avait pas vu une neige comme ça depuis au moins trois ans! Sur la grille du jardin, sur le portail, elle faisait un bourrelet tout rond, tout doux, tout épais.

Derrière l'église, il y a une grande descente, juste au-dessus de la place. C'est là qu'on est allé avec les copains. Bien sûr, on s'est lancé des boules, mais ce qu'on voulait surtout, c'était faire des glissades. Mimi Foulon, le marchand de jouets, nous a prêté sa luge. C'est une luge ancienne, en bois, avec du fer sous les patins. Quand on est assis dessus, on est très haut, ça fait un peu drôle ; mais la neige était trop molle, et la luge de Mimi Foulon glissait à peine, en laissant des traces profondes.

Alors on est allé chercher des sacs-poubelle. Tout le monde dit que c'est super de glisser sur des sacs-poubelle. C'est vrai, mais il faut en trouver des grands – plutôt des cent litres, ou au moins cinquante litres. Sur les sacs-poubelle on va vite, et ça c'est génial. Mais par contre, ça fait vraiment mal aux fesses.

La petite sente derrière l'église est pleine de pierres, et on les sent beaucoup. Julien est parti chez lui, et il est revenu avec une petite luge en plastique rouge qu'on lui avait achetée aux sports d'hiver, et qui était un peu cassée. Mais quand

Cédric a voulu monter dessus, on a entendu un grand « crac ! » : sur une grosse pierre, le plastique avait éclaté.

C'est là qu'on a eu l'idée du siècle. Le plateau-apéritif ! Ce petit plateau rectangulaire où on pose des cacahuètes, des amandes et des verres, les jours à invités ! On a foncé à la maison et on l'a chipé en douce, sans rien dire à Maman. Le plateau-apéritif, c'est vraiment la luge idéale. En se recroquevillant, on peut juste s'y tenir, les genoux contre les épaules. On est au ras du sol, comme sur les sacs-poubelle, mais on sent à peine les cailloux. Et puis surtout, ça fonce tellement que ça donne le vertige. Mais avec les mains sur les côtés, on peut se diriger sans problème. Toute la matinée, on s'est prêté le plateau.

Dimanche, quand les amis sont venus, Maman a dit :

– C'est curieux, il est rayé en dessous, le plateau-apéritif !

Regarder ses billes

Bien sûr, les billes, c'est fait pour jouer. Au pot, au triangle, au Tour de France, ou simplement en les exposant : trois pas pour trois billes, à la tiquette (à la roulette, en les faisant courir sur le sol, c'est trop facile).

À l'école, on vient d'inventer une nouvelle façon de tirer : le pied de biquette ! Il faut poser la bille à l'extérieur du pied gauche, contre sa chaussure. Avec le pied droit, on se donne un grand coup de pied dans le pied gauche, et la bille part comme ça. Ça fait un peu mal et ce n'est pas facile à diriger, mais c'est la grosse mode, en ce moment.

Sous le préau ou dans la cour, on se précipite pour jouer, à la récréation. Parfois on revient en classe très riche, les poches pleines. Parfois, au contraire, on s'est fait complètement plumer, et on n'est pas mécontent de penser à la dictée pour se changer les idées. Les billes, à l'école, on n'a pas le temps d'en profiter vraiment. Il y en a qui valent plus que les autres : des der quarante, des der cinquante – il y a même des calots der cent ! C'est comme si c'était de l'argent. À l'école, c'est juste la valeur qui compte, et le jeu.

Mais dans sa chambre, c'est très différent. On a un grand bocal – celui du poisson rouge qu'on avait gagné à la kermesse, il y a longtemps. Maintenant, on y met toutes ses billes, et il est déjà à moitié rempli. Quelquefois, le soir, on vide le bocal sur son lit, et on regarde son trésor, juste dans la lumière de la lampe de chevet. On est un peu comme Picsou quand il plonge dans son or. On enfonce les mains dans les billes, et toutes ces petites boules dures sont très douces, quand on y fait nager ses doigts.

Puis on commence à les prendre une par une. Les calots Galaxy sont très beaux : chacun est une planète sombre avec de minuscules mouches de couleur, comme des étoiles – chaque calot Galaxy est aussi un univers avec son ciel, sa Voie lactée. On aime bien les billes Schtroumpf. On les appelle comme ça parce qu'elles sont d'un bleu de Schtroumpf, avec souvent une tache blanche qui peut faire penser à un bonnet. Les gouttes d'eau sont très pures, transparentes, avec plein de petites bulles prisonnières. Elles sont souvent d'un vert un peu plus pâle que celui des bouteilles, et quand on regarde à travers on se sent à la fois dans le ciel et dans la mer. On a une petite faiblesse aussi pour les américaines. Celles-là, ça ne sert à rien de les mettre dans la lumière de la lampe : on ne peut pas voir à travers. Mais elles ont un beau fond blanc, comme une neige avec un reflet bleu, et des plages rousses, des forêts douces. À côté, les billes de métal pourraient paraître banales. Mais elles font comme des miroirs, et les murs de la chambre s'arrondissent et partent dans un pays très froid, éblouissant.

Enfin, il y a celle qu'on préfère, et qui n'a pas de nom. C'est un calot étrange qui semble argenté dans l'ombre et, si on le rapproche de l'ampoule, il devient goutte d'eau, de la couleur exacte d'un diabolo menthe. Le mieux, c'est quand on le fait bouger vers la lampe : il y a juste une seconde où il semble à la fois ouvert et fermé, menthe et argent. C'est le plus beau, le calot sans nom.

Dépenser cent francs
dans un hypermarché

C'est une petite opération qui se fait en demi-cachette, juste avant le départ des grands-parents, dans un coin de la salle à manger, avec des gestes nerveux, précipités :

– Tiens, tu t'achèteras quelque chose…

Et ils vous fourrent dans la poche une enveloppe. On les embrasse et, si on est gêné, c'est surtout parce qu'on a l'impression de jouer un rôle déjà écrit. Les parents reviennent dans la pièce. On leur montre l'enveloppe avec un air de joie ennuyée. Ils font semblant de se fâcher contre les grands-parents – c'est ça, leur rôle. On la connaît par cœur, cette scène, et elle n'est pas si agréable que ça à jouer : elle sonne un peu faux.

Mais ce qui est très bien, c'est de se retrouver le mercredi matin suivant à l'hypermarché avec un billet de cent francs dans la poche.

– Écoute, j'en ai pour une bonne heure ! a dit Maman. Rendez-vous aux caisses !

On se sent tout léger, et pour un peu on ferait de grandes glissades au milieu des allées. Une heure entière à dépenser ! C'est comme si on possédait tout le temps, tout l'espace, tout le magasin. Ce qui est amusant, dans ces cas-là, c'est qu'on commence toujours par regarder des trucs qui ne sont pas du tout pour les enfants. Combien aurait-on de choucroute garnie pour cent francs ? Et combien de paquets de riz, combien de bouteilles de beaujolais nouveau ? Sans blaguer, ça ne serait pas mal de s'acheter vingt-deux bouteilles de Coca, qu'on laisserait dans un carton, dans sa chambre, et qu'on boirait vraiment quand on voudrait. Bien sûr, Maman en achète parfois, mais elle surveille la consommation – et puis le Coca qu'on garderait dans sa chambre n'aurait pas tout à fait le même goût. Il serait beaucoup plus américain, et on le boirait en posant les pieds sur le bureau.

Au rayon du chocolat, il y a de quoi faire, aussi. On pourrait s'acheter presque toutes les sortes – praliné, pâtissier, fourré à la fraise… Mais dix-sept tablettes de chocolat blanc, ça laisse encore plus rêveur !

Évidemment, on sait bien qu'on est presque obligé d'être un peu moins fou dans ses achats – mais toutes ces petites folies, c'est bon de les imaginer, pendant que l'heure tourne, et qu'on flâne en glissant devant les étalages. Finalement, le choix qu'on fait n'est pas si mal. *Le Sceptre d'Ottokar* (le seul album de Tintin qu'on n'avait pas), un paquet de bonbons anglais (vous savez, ceux qui sont jaunes et roses, en rond ou en long, avec un petit morceau de réglisse au milieu ou autour), et un joli stylo à bille rechargeable vert amande. Quatre-vingt-cinq francs soixante-cinq centimes ! On n'a même pas tout dépensé – il faut garder assez d'argent pour pouvoir vraiment s'acheter quelque chose un autre jour. On passe tout seul à la caisse, et on devient possesseur officiel de toutes ces merveilles avec la bénédiction du petit appareil électronique de la caissière qui fait bip-bip pour approuver votre choix. Voilà Maman qui revient avec un Caddie plein de vraies courses, et on la plaint un peu. Les fausses, c'est beaucoup mieux !

Faire un volcan de purée

Une fois, on est resté une semaine à l'hôpital. Là-bas, la purée était tellement fade, avec une rivière de lait tout autour! Parfois aussi, il y a des purées très molles. C'est assez amusant de les manger parce que la purée liquide fait comme une espèce de moulage autour des dents de la fourchette. Mais ce n'est pas très bon, et puis ce n'est pas ça, l'idée de la purée. Une purée ne doit être ni trop molle ni trop dure. Disons : douce.

Il faut qu'elle soit lisse, aussi, sans ces petites boules que Maman appelle des grumeaux.

Et puis, il faut manger la purée seule. Souvent, on vous donne en même temps de la viande rouge : le jus se mélange tout de suite à la purée, et ce marron ne va pas du tout avec le goût – d'ailleurs, la sauce change le goût. La purée seule, avec pas mal de beurre (mais quand même pas une mare de beurre dans un coin), c'est un délice. C'est réconfortant, ça glisse et ça réchauffe tout le corps. Ah oui, la chaleur, c'est très important aussi. Quand on vous sert de la purée, il faut qu'elle soit beaucoup trop chaude : sinon, vous n'aurez jamais le temps de faire une galette ou un volcan.

On fait d'abord une galette. On aplatit complètement la purée, comme si c'était de la pâte à tarte. Avec le dos de la fourchette, on commence à dessiner des rayures, très régulières. En général, on fait d'abord toute la surface dans le même sens, puis dans l'autre sens. Ensuite, quand tout est croisillonné, on trace juste un carré tout autour : ça ressemble aux galettes de la fête des Rois. Quelquefois on efface tout et on recommence un autre quadrillage, avec une grande croix au milieu.

À ce moment-là, on mange deux ou trois bouchées. La purée quadrillée est encore meilleure, plus légère, plus fine. Mais on s'arrête quand même très vite – il faut en garder assez pour construire un volcan.

On fait d'abord une montagne, au centre de l'assiette. En haut, il faut couper le sommet d'un petit coup de fourchette, et même creuser un trou. C'est là qu'on va mettre juste un peu de jus – si le trou est bien fait, le jus ne va pas se mélanger avec la purée. On refait les rayures sur les pentes de la montagne, et on a à peu près une minute pour s'évader dans ce paysage.

– Mange quand même pendant que c'est chaud !

Gagner un nounours aviateur

Avant, quand la fête foraine s'installait, on était surtout intéressé par les manèges. Mais maintenant, il y a une chose qu'on trouve beaucoup plus fascinante : c'est toute cette rangée de petites cabines transparentes, pleines de choses qu'on peut gagner en les attrapant avec des pinces métalliques. On n'ose pas trop dire que c'est ce qu'on préfère, parce que Papa dit toujours :

– Ça, c'est bien étudié pour faire perdre de l'argent! On ne peut rien gagner, à chaque fois les lots se décrochent au dernier moment!

On ne répond rien, mais on se dit que quand on pourra revenir tout seul à la fête, on essaiera – rien que pour voir la tête de Papa, si on gagnait.

En fait, le lendemain, quand on arrive tout seul sur la place, on est un peu intimidé. On a les poches bourrées de toutes les pièces de un franc qu'on a pu récupérer – c'est deux francs la partie. On ne va pas jouer tout de suite. D'abord, c'est amusant de voir les autres jouer. Les petites cabines ont un succès fou. Devant chacune, il y a quelqu'un qui joue et deux ou trois personnes qui regardent. Devant celle où on gagne des montres, c'est carrément la foule. Il faut dire que ce sont des montres superbes, très grosses, toutes dorées. Mais prendre une montre avec ces petites pinces glissantes, ça paraît impossible. Devant la vitre, un joueur commence à s'énerver. Il a un coup pour faire avancer les pinces en profondeur, et un autre coup pour les déplacer sur le côté. Après, les pinces descendent automatiquement, et on n'a plus qu'à attendre. La plupart du temps, elles déplacent à peine le tas de montres. Parfois,

une montre s'élève un peu, et se décroche aussitôt. Le monsieur remet des pièces de plus en plus
vite, avec un air de plus en plus furieux. Au début,
c'est amusant, mais au bout d'un moment on est
presque gêné de le regarder.

De toute façon, on ne veut pas essayer de gagner
une montre. Une peluche, alors ? Là, on se dit que
Maman n'a pas tout à fait tort quand elle dit que
ce sont des horreurs : dans une cabine, il y a des
diplodocus vert épinard, dans une autre des hip-
popotames rose bonbon. Mais dans la suivante, les
peluches ont l'air beaucoup plus mignonnes. On
s'approche, et là, c'est le coup de foudre : toute
une montagne de nounours aviateurs ! Ils sont
vraiment adorables, tout roux, avec un petit
blouson et un casque de cuir. Mais le plus irré-
sistible, c'est leur regard si doux sous des lunettes
de plongée – elles sont vraiment comme des
lunettes d'aviateur, mais on avait les mêmes pour
la piscine, l'année dernière. Ils ont l'air à la fois
si courageux et si tristes, les nounours aviateurs
entassés pêle-mêle dans la cabine ! Et puis une

petite fille vient juste d'en gagner un, en l'attrapant par les lunettes !

Alors voilà. On est devant la glace, et on commence à sortir ses pièces. On a très envie de gagner et très peur d'être complètement ridicule, de ne pas arriver du tout à faire fonctionner les pinces. D'ailleurs, c'est vrai, au premier coup, on appuie beaucoup trop longtemps sur le bouton qui fait avancer les pinces en profondeur. Elles vont heurter la vitre du fond, puis descendent sans même effleurer un nounours. Petit à petit, on maîtrise mieux l'appareil, mais les pièces fondent dans les poches à une vitesse catastrophique ! Tout à coup, la pince a saisi un aviateur par la patte ! La peluche monte, monte. On sait qu'il y a un premier instant délicat, quand la pince remonte tout en haut : un petit choc très léger, mais qui suffit à faire retomber sa prise. Ouf ! Le nounours a résisté ! Mais la pince poursuit son chemin à l'envers, et repart sur le côté. Là, il y a un deuxième arrêt, un deuxième ébranlement, et catastrophe ! le nounours lâche prise, juste à côté du trou où on pouvait le récupérer. On pense que vraiment on a laissé passer sa chance. En plus, on n'a plus que quatre pièces, et quand la pince saisit à nouveau la peluche, on hausse les épaules – on sait bien qu'elle va retomber. Mais là c'est le miracle. L'aviateur semblait si mal accroché, et voilà qu'il résiste au premier choc, puis au second. On entend un petit bruit sourd. Oui, il est bien là, à portée de main. On est tellement content qu'on le blottit contre soi, sans oser le regarder. C'est là qu'on aperçoit Mme Dubois, la si gentille dame qui nous surveillait, à l'école maternelle. Elle a emmené à la fête son petit-fils Yohann. Yohann a trois ans, et s'il voit le nounours… En même temps, on a tellement envie de le garder. Alors vite, vite, on met les deux dernières pièces dans l'appareil, et c'est incroyable mais on gagne encore ! On court faire la bise à Mme Dubois. Il est si joli, le sourire de Yohann quand on lui tend son nounours. On revient vers la maison, tout léger, avec presque l'envie de danser. On s'arrête pour regarder sa fortune. Comme il est tendre et triste, le regard du nounours aviateur derrière ses lunettes de plongée ! On va l'appeler Antoine, comme l'auteur du *Petit Prince*. On va lui faire une vie très douce, au coin du lit.

Pêcher la friture

Pas la pêche au gros poisson, avec un mouli-
net, les jambes dans l'eau, et une longue attente.
Non, ce qui est bien, c'est la friture : goujons,
ablettes, petits gardons. Pas besoin d'un maté-
riel bien compliqué : une seule ligne suffit, avec
une canne pas trop longue – de toute façon, on
va pêcher à un mètre du bord, deux au maxi-
mum s'il y a des racines. On achète des asticots
dans une boîte en plastique transparente, avec
de la sciure. Mais on prend du Mystic aussi, un
appât miracle qui ressemble à de la colle rouge,
dans un petit tube : il paraît que les poissons
croient que c'est du sang.

Ce qui est important, c'est de bien choisir le flotteur, le bouchon. Ils sont si jolis, les bouchons pour la pêche ! Il y en a des minces, effilés, d'autres tout ventrus et courts. En général, les couleurs sont très voyantes – c'est fait exprès. Mais ce n'est pas du fluo comme pour les crayons-feutres, par exemple. C'est du rouge cerise, un vert brillant presque bleu, un jaune acidulé, comme les sucettes au citron.

Quand on jette la ligne à l'eau, le bouchon reste horizontal et refuse de se lever. Il faut écarter les petits plombs sur le fil de Nylon, ou même en rajouter un. Alors le bouchon se redresse, et ça n'a l'air de rien, mais c'est un bon moment, quand le bouchon se lève, pas tout à fait au début de la coulée, mais presque. On a l'impression que le monde entier vous obéit, et que tout est tranquille, que l'après-midi entier est frais et obéissant comme le bouchon qui glisse dans l'eau.

Évidemment, au bout de deux ou trois coulées, on a envie que quelque chose se passe, qu'un poisson morde. Si ça ne marche pas à l'asticot, on essaie au Mystic. Le Mystic, c'est très collant :

difficile d'en mettre juste une goutte autour de l'hameçon. Il faut faire plusieurs tours, et ça s'attache toujours aux mains – après, il faut les essuyer dans l'herbe. Mais souvent les poissons aiment ça, et on a sa première touche. Ça, c'est magique aussi : c'est très nerveux, ces petites saccades du bouchon qui s'agite. En fait, c'est le contraire de la rivière paisible, du bouchon obéissant : c'est comme si on avait construit toute cette tranquillité pour que quelque chose la déchire. Après quelques touches, on attrape un premier poisson, un gardon avec des nageoires orangées. C'est incroyable comme un petit gardon, c'est lourd et vivant, quand ça frétille au bout d'une ligne !

Ce qui est bien, c'est quand on prend comme ça sept ou huit poissons. Si ça ne mord pas du tout, on s'ennuie et, si c'est trop facile, ça n'a plus de valeur. On regarde le bouchon cerise et citron, on ne pense plus à rien. On fait semblant d'aimer le voyage tranquille du bouchon, mais ce qu'on aime, c'est les deux : les secousses nerveuses au milieu du voyage tranquille.

Mouiller ses espadrilles

En été, les mamans adorent que l'on porte des espadrilles. D'abord, il n'y a plus de chaussettes à laver. Mais surtout, les mamans aiment bien le style que donnent les espadrilles – ça change de ces chaussures de basketteur-cosmonaute qu'elles détestent.

Les espadrilles, il faut les prendre trop petites au début, parce que après elles s'agrandissent : alors, les premiers jours, ça coupe un peu sur le dessus, juste à l'angle de la couture, et ça laisse une marque rouge. Mais autrement, ce n'est pas désagréable de marcher en espadrilles : on a l'impression que le sol rebondit sous les pas. On est vraiment à la surface du globe terrestre, en espadrilles ! On sent même mieux la terre que quand on est pieds nus – pas besoin de recroqueviller les orteils avec méfiance.

Pour courir, pour sauter, pour aller à la plage, les espadrilles sont très bien, et la trace du bronzage est rigolote. Pour le foot, évidemment, elles sont bien trop légères, et quand il fait chaud sur la route, la semelle colle au goudron fondu. Mais de toute façon, les espadrilles ne durent jamais très longtemps. On le sait d'avance : un jour elles prendront la pluie, et ce sera leur fin. Espadrilles mouillées, espadrilles à jeter !

Dès qu'on a des espadrilles, on se prépare à l'idée de les mouiller. On ne l'espère pas tout à fait, mais on l'attend. Pas besoin pour ça d'un déluge. Il suffit de sortir après une averse, d'emprunter un instant un chemin sablonneux, de longer une flaque. Ça commence au bord de la toile, au-dessus de la semelle, une petite auréole qui va s'étendre et raidir le tissu. Quand on s'en aperçoit, il est trop tard. En quelques instants, la toile si fine devient un sac à pommes de terre tout rugueux. Ça y est, on est mouillé, et on connaît la suite : bientôt on va se sentir lourd, la semelle de corde semble se resserrer, tirer, se gonfler. Tout cela est plutôt pénible. Mais en même temps, on aime bien cette sensation. C'est un moment spécial, celui où l'on sent monter l'humidité. On ne fait plus attention à rien d'autre, et le temps s'arrête presque. Tout vient du sol, du bas, des pieds.

On imagine déjà les espadrilles en train de sécher sous un petit meuble – on a plutôt tendance à les cacher. On sait déjà qu'il y aura une bourre de corde en peluche au nœud de la semelle, et que la toile gardera son auréole, et même quelques grains de sable bien collés. Les chaussures d'été vont devenir sévères, dures, recourbées. En plus, on ne pourra pas en acheter d'autres : dès la mi-juillet, on ne trouve presque plus d'espadrilles sur les marchés. Chaque année, c'est pareil. Dès le premier signe de pluie, il faut se laisser faire, sans trop savoir pourquoi c'est délicieux.

Faire un canard

C'est très bon, un canard. Pourtant, on n'aime pas du tout le goût du café – c'est tellement amer et noir. Mais les adultes aiment bien ce qui est amer, ce qui est bizarre. Les huîtres, par exemple, ces espèces de bestioles molles et gluantes trempant dans leur eau salée, dans leur coquille coupante. Ou bien les champignons, tout mous, tout verdâtres : presque des pourritures. Pourquoi aime-t-on ce genre de choses, en grandissant ? La bière, aussi ! Les grands disent que rien ne coupe mieux la soif. C'est vrai : quand on essaie d'en boire une gorgée, on trouve ça tellement dégoûtant qu'on n'a plus du tout soif! On dirait que les grands font exprès d'aimer le contraire de ce qui est bon. Le café, ils le savourent à la fin du repas, comme si c'était délicieux.

Mais c'est le moment qui est bien. La discussion sur la politique qui a failli mal tourner au moment du rôti est complètement oubliée. Maintenant, ils disent plutôt des choses comme :

– On va aller faire un tour pendant qu'il fait beau!

Quand les grands disent ça, c'est un peu comme quand on crie « je viens » au moment de passer à table. Ils le disent au lieu de le faire. On a tout le temps de s'approcher de Grand-Père, un sucre à la main. On n'a pas besoin de lui demander. Il prend aussitôt son visage à la fois tendre et bougon :

– Ah, ah! tu veux ton petit canard, hein?

Le canard, ça fait toujours plaisir aux grands-parents. Un plaisir secret qu'on partage avec eux. Et puis c'est bon. Il ne faut surtout pas mettre le sucre dans la cuillère et attendre qu'il fonde – ça serait trop facile, et puis ça donne toujours une espèce de bouillie bête. Non, ce qui est bien, c'est de tenir le sucre entre ses doigts et de le tremper directement, sans mettre les doigts dans le café, évidemment. Il faut les retirer juste au bon moment. Si on attend trop, le sucre tombe dans la tasse. Grand-Père dit :

– Ça ne fait rien ! Je prends toujours mon café bien sucré !

Les grands-parents ne sont plus vraiment des adultes, et ils aiment le sucre, comme les enfants. Quelquefois, au contraire, on ne laisse pas le sucre assez longtemps. Un canard blanc et dur, ce n'est plus un canard ! Mais de toute façon, il faut attendre quelques secondes pour voir si on a trempé comme il faut : juste ces trois petites secondes où le sucre prend une auréole beige. C'est très bon, cet instant où le sucre change, devient tout roux et tout doux, on le devine même avant de le glisser dans sa bouche. Le goût du café est complètement changé. C'est du sucre au café, un tout petit peu d'amer complètement ramolli par le sucré.

Il y a d'autres canards. Quand on a un malaise, Maman donne parfois un sucre avec une goutte d'alcool de menthe. Mais là, même en canard, c'est très fort, très piquant. Non, le vrai canard, c'est celui qu'on prend sur la nappe blanche du dimanche, à l'heure où les grands oublient de partir en promenade.

– Il est meilleur dans ma tasse, hein ! fait Grand-Père en riant dans sa moustache.

On fait oui, oui de la tête – mais on prend quand même un deuxième sucre pour faire un canard dans la tasse de Grand-Mère.

Aller au cinéma

C'est bien d'aller au cinéma. Bien sûr, maintenant, on peut voir presque tous les films à la maison, grâce au magnétoscope, mais le cinéma, ce n'est pas du tout pareil. À la maison, avec la petite lampe basse allumée près du téléviseur, on ne peut pas vraiment avoir peur – au cinéma, avec la grande salle dans le noir, c'est très différent. Pour les films comiques, c'est la même chose. La première fois qu'on a vu *Casper le fantôme*, pendant les vacances, la salle était bourrée de monde et, à chaque gag, on avait l'impression d'une explosion de rires. Depuis, ils ont repassé le film à la télé : c'était beaucoup moins drôle. Et puis, aller au cinéma, souvent, c'est une surprise. Ça se passe en général un samedi un peu ennuyeux, avec pas mal de devoirs à faire, dehors de la pluie et du vent. Tout à coup, Papa propose :

– Et si on essayait de voir ce qu'ils passent au ciné ?

Maman hoche la tête avec l'air de dire « oui, pourquoi pas ? », mais elle ne semble pas franchement emballée. Alors il faut faire très vite. Dans l'annuaire, il y a un numéro de téléphone où l'on donne tous les programmes des cinémas de la ville. On cherche dans les pages et, sans rien demander à personne, on fait soi-même le numéro. Une drôle de voix précipitée prononce des titres auxquels on ne comprend rien, et puis tout d'un coup, oui, on a bien entendu : *Croc-Blanc*, séances à 14 h 30 et 20 h 15. Pour l'après-midi, c'est raté, mais le soir, c'est possible, à condition de manger très tôt.

Et voilà. On se retrouve sur le trottoir dans la nuit bleue. Mais là, catastrophe ! Il y a une queue d'au moins cinquante mètres de long devant le cinéma. On vérifie, mais c'est bien pour *Croc-Blanc*, hélas! On ne pourra jamais faire tenir tous ces gens dans la salle! Papa a l'air très sûr de lui, et dit qu'il n'y aura pas de problème. Ça, c'est très énervant : quand on pense que les choses vont se passer bien, elles se passent toujours mal. Pendant longtemps, la queue ne bouge pas du tout. En se retournant, on voit plein de gens qui arrivent encore, et ça rassure un peu – si même ceux-là ont de l'espoir… Puis, tout d'un coup, on avance, et c'est bizarre : la minute d'avant, on s'était résigné à ne pas avoir de place, et voilà qu'on est déjà dans le hall du cinéma, et qu'on trouve ça presque normal, c'est seulement agaçant de voir que le monsieur qui est juste devant Papa met si long-temps à récupérer sa monnaie.

La salle est plongée dans le noir, et on avance à petits pas hésitants sur la moquette en pente. On voudrait aller tout en bas, près de l'écran, mais Maman dit que ça fait mal aux yeux. On fait lever des gens déjà installés, on se sent tout maladroit. Enfin ça y est, chacun a trouvé place.

Au début, on croit qu'on ne va rien voir du tout, avec le grand monsieur qui est juste devant, mais la salle est bien faite : on peut même se laisser glisser au fond du fauteuil. C'est très bien, cet instant où l'on se sent déjà si confortable. La salle n'est pas plongée dans le noir, en fait, mais dans une espèce de gris-bleu très doux, une sorte de nuage, et pour quelques minutes on flotte, sans regarder vraiment le dessin animé de Pluto – celui où Pluto se déguise en mouton : on l'a déjà vu. On oublie complètement qu'on est en famille, on oublie les autres spectateurs ; on est dans un vertige tranquille ; et peu à peu on entre dans les images, on commence à rire.

L'entracte arrive vite. Maman donne une pièce de dix francs, et l'on va dans le hall du cinéma. Là, il y a une grande machine en verre qui distribue du pop-corn. Le mieux, c'est la petite boîte de carton à rayures jaunes, un peu évasée : on n'en voit comme ça qu'au cinéma. On n'aimerait pas tellement le pop-corn dans un sachet de plastique mais, avec la petite boîte, on se sent très américain, très indépendant. Tout cela est gai, lumineux, bruyant, mais il faut reprendre sa place, car le film va commencer. On a encore sur les lèvres un peu de pop-corn caramélisé tiède quand on se trouve plongé tout à coup dans le vent et la neige. Le début de *Croc-Blanc* est terrible, avec des hommes qui essaient d'escalader une paroi de neige, dans le blizzard. Blotti au fond de son fauteuil, on est en même temps dans le Klondike, au temps des chercheurs d'or. Et puis l'amitié entre le loup et le garçon est belle. On commençait juste à pleurer un peu quand le film se termine.

Il faut sortir du cinéma, et l'on se croit encore dans le Grand Nord, mais on fait semblant de marcher normalement. Pourtant, on le sent bien, tous les gens qui quittent la salle sont dans le coton. On entend des « Ça t'a plu ? » mais on n'a pas envie de répondre tout de suite. Ce soir, on va s'endormir avec des images effrayantes et douces. C'est fort, le cinéma !

Collectionner les kaléidoscopes

Au début, on ne pensait vraiment pas en faire une collection. C'était un cadeau qu'on avait eu comme ça, pour son anniversaire. Un kaléidoscope : un drôle de nom, et un objet plus drôle encore. Un tube de carton noir avec quelques mots en lettres dorées imprimées en travers : « Écoute s'il pleut ». Le nom de la marque, sûrement, mais une expression étrange qui semblait faire partie du kaléidoscope. Écoute s'il pleut : il faut vraiment faire du silence pour écouter s'il pleut, il faut le même silence pour regarder dans un kaléidoscope.

On ferme un œil, on colle l'autre à la petite lucarne ronde du kaléidoscope : c'est comme si on pénétrait dans un théâtre un peu étouffant. Au fond commencent des images : des bijoux d'Orient, des vitraux, des couronnes d'orange et d'or qui se transforment peu à peu si on tourne doucement le cylindre. C'est ça, le secret : faire tourner tout doucement le tube. Alors on entend un bruit léger, léger – ça doit être ça, « Écoute s'il pleut » – et le vitrail change. L'image s'étire. Elle est sur le point de se briser et au moment du petit bruit on croit qu'elle se casse ; mais non, elle devient une autre image, toujours orange et or, mais avec d'autres formes. En fait, il y a plusieurs images en même temps, plusieurs fois la même image, et ça donne un côté magique : on a l'impression que le bijou d'Orient couvre tout l'espace, comme dans les rêves.

Un jour, on ne sait pas trop pourquoi, le kaléidoscope est tout sombre. On regarde comment il est fait. C'est très simple. Dans le tube, il y a trois petits miroirs allongés disposés en triangle, et au fond, dans un rond à double face, des cristaux de verre orange et or. On arrive à remonter le kaléidoscope, mais pas à remettre exactement les trois plaques de verre : il y a toujours un peu de noir dans un coin qui vient tout gâcher, et rien ne sera plus comme avant. Alors on a envie d'autres kaléidoscopes. Certains sont très décorés, avec du papier-reliure, et d'autres semblent en métal. Mais ce sont les petits cristaux à l'intérieur qui changent tout. Chaque kaléidoscope a ses couleurs : il y en a dans les bleus, et d'autres dans les mauves. Au bout d'un moment, on se lasse des bijoux bleus, des vitraux mauves, alors on prend un autre kaléidoscope.

Et puis on finit par découvrir la merveille des merveilles. On croit que c'est un kaléidoscope. La forme du tube est exactement la même, mais à l'intérieur on voit tout de suite que c'est autre chose : ce qu'on voit danser, ce ne sont plus des cristaux de verre, mais la réalité. Oui, ce que vous avez sous les yeux se met à se multiplier, à éclater, à bouger, à s'approcher en donnant le vertige. Cet objet magique s'appelle un octascope. Au bout, il est plus bombé qu'un kaléidoscope. Regarder un feu de bois ou même simplement une lampe dans un octascope, c'est extraordinaire. Dans ce petit rond dort un feu d'artifice interminable, une explosion de lumière infinie. C'est une espèce de drogue très douce, et complètement inoffensive !

On pense qu'on ne regardera plus que l'octascope, et que la collection de kaléidoscopes va s'arrêter là. Mais un jour, on a envie à nouveau des cristaux bleus ou des cristaux mauves. Ils sont peut-être moins variés, mais parfois on aime bien que la vie redevienne mauve, ou or, ou bleue. Ou bien on a envie de couleurs qu'on ne connaît pas encore, et on s'achète un nouveau kaléidoscope.

Choisir un parfum de glace

Choisir un parfum de glace, c'est très dur. Évidemment, quand il s'agit de glaces à l'italienne, il n'y a que deux parfums – souvent vanille-fraise – et en plus on a le droit de panacher. Là, c'est facile, et c'est très bon quand même, très crémeux, pas vraiment gelé : en fait, c'est plus un colimaçon de crème fraîche qu'une glace.

Parfois aussi, devant la boutique des grands pâtissiers, il y a des parfums extraordinaires : melon, banane, goyave, kiwi, menthe au chocolat, papaye, et même cacahuète ! C'est tellement surprenant qu'on peut prendre presque au hasard

– d'ailleurs, en général, on est déçu par ce genre de glace : en mangeant la sienne, on ne peut s'empêcher de faire défiler toutes les autres dans sa tête en se disant qu'on aurait dû les préférer, et qu'on ne les retrouvera peut-être jamais.

Mais ce qui est dur, c'est quand il y a le choix habituel, disons vanille-café-chocolat-fraise-framboise-pistache-cassis. Le genre de choix que vous pouvez trouver dans presque toutes les villes. En fait, ce qu'on préfère, c'est les fruits rouges, surtout quand on est loin encore de l'été et que ça fait rêver de penser aux fraises ou aux framboises. Mais justement. Choisir, ça ne serait pas choisir s'il suffisait de répéter toujours la même chose. Ce qui est bien et difficile en même temps, c'est cette liberté immense qui vous prend devant les bacs de glace, pour quelques secondes.

D'habitude, on trouve que café c'est un peu amer, que vanille c'est un peu fade – on trouve que vanille et café sont plutôt des parfums pour les vieux, des goûts pâles avec des couleurs trop sages. Et si on changeait justement aujourd'hui ?

Une glace vanille-café, ça serait tout à fait nouveau : ça serait fade, mais d'un fade délicieux, puisqu'on l'aurait préféré au soleil fraise-framboise. Avec une glace vanille-café, on se surprendrait soi-même, et, au moins un petit moment, on pourrait faire semblant de trouver ce fade-là supérieur. Seulement on le sait bien ; cette idée résisterait juste quelques coups de langue, et après on se retrouverait avec une longue glace triste pour les vieux.

Pistache, ça ne serait pas si mal. Oui, pistache, on n'y fait pas assez attention d'habitude. Le mot est joli, il ressemble à un clown. La couleur est très douce, un vert pâle reposant, qui va bien avec l'Afrique sombre du chocolat. Chocolat-pistache, ça vient naturellement dans la bouche, et on est sur le point de prononcer ces mots quand soudain on s'arrête, surtout à cause du chocolat – le chocolat, on adore ça, mais c'est trop fourré, trop chaud pour devenir vraiment une glace.

Alors… alors bien sûr on va finir au pays rouge. On s'arrête quelques secondes sur l'idée du cassis, mais le mot et le goût sont un peu trop amers, trop acides – parfois il y a même un grain noir. Et c'est fraise-framboise qu'on choisit. Fraise-framboise. Ce petit frrr… ce frisson, ce frémissement qui sont bien meilleurs quand on a failli préférer tous les autres parfums. Mais ce n'est pas vrai qu'on finit par choisir toujours la même chose. La preuve? La dernière fois, on a pris une double à la framboise.

Parler sous les étoiles

C'est l'été. Il a fait tellement chaud, toute la journée. On a dîné tard, sous le cerisier, mais la nuit n'est pas encore là.

– Moi, ce soir, je ne regarde pas la télé! a lancé Grand-Mère en repliant sa serviette.

Elle dit ça tous les soirs, depuis une semaine. C'est vrai qu'on n'a plus du tout besoin de la télé, l'été. On a juste envie d'attendre dans le jardin, de prendre le frais. «Le serein» : c'est comme ça que Grand-Père appelle cette rosée du soir qui va monter dans l'herbe. Avec les cousins, on a fait une tournante, au ping-pong, jusqu'au moment où on ne pouvait plus distinguer la balle. Maintenant on a rejoint les adultes, et tout le monde s'est trouvé une chaise longue ou un fauteuil de jardin. On est assis assez près les uns des autres, mais pas trop, et un peu dans tous les sens. Le soleil rouge est en train de tomber dans le canal, là-bas, et puis c'est le ciel entier qui devient rouge, avec un peu de rose au bord du bleu qui reste.

– Celui qui voit la première étoile a gagné !

On dit ça pour faire monter la nuit, mais la première étoile est encore loin. La fraîcheur se fait attendre, aussi. C'est là qu'il faut se mettre à parler tout doucement, tout lentement. C'est drôle. Personne ne le décide, mais tout à coup les grands-parents, les parents, les oncles, les tantes, les enfants, tout le monde sent qu'il faut parler autrement. De toutes petites phrases. Pas de discussions comme à table. Pas de questions. Juste des mots légers qu'on fait flotter comme des bulles.

– Mardi prochain, c'est la foire aux chiens !

Un long silence, et puis :

– Demain, à la piscine, j'emporte le matelas pneumatique !

Un autre silence, et puis encore :

– J'ai commandé une glace vanille-fraise chez Briat.

Toutes ces phrases sont choisies pour que personne n'y ajoute rien. Les voix sont tranquilles. On sait que quelqu'un va finir par dire :

– Je vais chercher à boire. Qu'est-ce que vous voulez ?

Avec un peu de chance, il y aura un : «Attends, je vais t'aider !»

Cassis-limonade, panaché, menthe à l'eau, moi, juste un verre d'eau… Il faut de la mémoire pour se rappeler la commande. Ceux qui vont préparer les boissons allument la lampe de la cuisine, et là on voit bien qu'il commence à faire nuit tout autour. Quand ils reviennent, avec les verres qui s'entrechoquent sur le plateau, ça y est, les premières étoiles s'allument aussi.

On déguste son cassis-limonade en guettant les avions, les étoiles filantes. Il y a toujours quelqu'un qui se met à parler de la Voie lactée, de la Petite Ourse ou du Chariot. On s'en fiche bien, de tous ces noms. De toute façon, on n'a pas envie de comprendre le ciel, mais simplement de regarder. Grand-Mère finit par soupirer :

– On resterait là toute la nuit !

Dormir dans le jardin

On voulait faire une vraie cabane. Une cabane avec des planches clouées, un toit. Mais ce n'est pas facile de faire une cabane dans un jardin. Dans une forêt, on trouve des branches recourbées qui font une espèce de tente, et on ajoute des feuillages pour recouvrir les vides. Mais là, on n'a pas déniché grand-chose : des planches beaucoup trop larges et trop longues – en fait, des morceaux d'un ancien lit cassé qui dormaient dans un coin. On les a posés sur les côtés – le fond, c'était le mur du jardin – et on a demandé à Grand-Mère si elle n'avait pas des vieux draps pour faire le toit. Les grand-mères sont fabuleuses pour ça : elles ne jettent rien, et elles ont toujours des bouts de tissu qu'elles gardent sans doute exprès pour les jeux des enfants.

La cabane n'était pas formidable. Il ne fallait pas trop chahuter, sinon tout s'écroulait à chaque fois. Difficile d'imaginer qu'on était des trappeurs du Grand Nord ! Mais on a eu une idée géniale : y passer la nuit !

On a d'abord parlé entre nous, en secret. On pensait que les parents n'accepteraient jamais. Mais au dîner, on a été très surpris. Bien sûr, Maman a dit tout de suite :

– Vous savez, vers quatre heures du matin, vous allez avoir très froid !

Mais Grand-Père a répondu :

– Mais non ! Les nuits sont douces. Moi, si je n'avais pas mes rhumatismes, j'irais bien, dormir dans votre cabane !

Ça, on a trouvé que c'était une super idée, et on voyait que Grand-Père était vraiment tenté, mais Grand-Mère s'est fâchée tout rouge en disant qu'il allait attraper la mort. Un peu penaud, Grand-Père a renoncé en bougonnant. Du coup, on a changé de sujet, et, pour nous, c'était gagné.

Le soir, les adultes sont restés longtemps sous les étoiles. Pour une fois, on aurait bien aimé qu'ils aillent se coucher tôt, mais on aurait dit qu'ils faisaient exprès de prendre le frais très tard, comme s'ils étaient presque jaloux de nous.

Pendant ce temps-là, on gonflait les matelas pneumatiques, on prenait des plaids à carreaux dans les voitures, et les couvertures de nos lits, en promettant qu'on les referait nous-mêmes.

Et puis voilà. On s'est retrouvés seuls dans la nuit. Au début, on a raconté des histoires et on a pris des fous rires.

– Si on veillait jusqu'à minuit ?

Ce n'était pas un grand exploit – il était déjà onze heures quand les adultes étaient partis se coucher – mais ça paraissait quelque chose d'extraordinairement défendu. En fait, on a eu du mal à atteindre minuit. On n'avait plus d'histoires drôles et on avait sommeil.

Le matelas pneumatique, c'est dur et ça sent le caoutchouc. Mais surtout, ce qui empêchait de dormir, c'étaient les bruits… Incroyable comme il peut y avoir du bruit dans un jardin la nuit ! Les grillons sont assourdissants, ils n'arrêtent pas une seconde. Mais le plus impressionnant, ce sont les chats. On avait l'impression qu'un voleur tournait autour de la cabane, et c'était Brimbelle, la petite chatte des voisins. Tout d'un coup, on a vraiment eu envie de rentrer dans la maison. Mais on aurait eu l'air de quoi ? On a fini par s'endormir. Enfin… jusqu'à quatre heures et demie du matin, car là, il faisait tellement froid qu'on se sentait pâles, vides, tremblants. Mais on a quand même tenu le coup jusqu'à sept heures. Quand Maman est descendue dans la cuisine, on est arrivés en s'étirant comme si on avait passé une nuit parfaite.

– Vous y revenez la nuit prochaine, alors ? a demandé Maman avec une petite lumière au fond de l'œil.

Faire un feu d'artifice

Avec les cousins, on s'est mis d'accord : le dernier jour des vacances, on tirera un feu d'artifice. Ce sera un secret. On n'en parlera qu'au repas du soir. De toute façon, le dernier jour, Grand-Mère voudra qu'on regarde les étoiles ensemble. Elle a beau dire : «Vous devriez vous coucher tôt, mes enfants, demain vous avez de la route à faire», on sait bien qu'elle est triste, et qu'elle a besoin de cette dernière soirée. Alors, juste avant les étoiles, tout le monde aimera l'idée d'un feu d'artifice, même si Papa a toujours un peu peur qu'on mette le feu à la maison. Tirer un feu d'artifice, c'est une jolie façon de se dire au revoir.

Mais ce qui est bien, déjà, c'est avant, quand on regarde ce qui nous reste comme argent de poche, et qu'on parle des fusées qu'on va pouvoir acheter. Cent trente-quatre francs ! On n'a jamais eu autant ! À ce prix-là, il y a déjà des pochettes toutes prêtes, pour un feu complet. Mais on ne les aime pas : dedans, il y a trop de fusées très bruyantes mais qui ne font presque pas d'étincelles – on s'est fait avoir l'année dernière, et on s'est promis que cette année on choisirait les munitions au détail, une par une.

Le dernier mardi des vacances, pendant que les grands font le marché, on se retrouve au magasin de jouets. Là, il y a vraiment tous les feux d'artifice qu'on peut imaginer. Ce qui est bien, c'est les fusées qui lancent des petites boules de lumière à répétition : dans une seule fusée il peut y avoir jusqu'à vingt boules, et en plus elles ne ratent jamais. Les feux de Bengale sont une valeur sûre, aussi. On peut les allumer pendant qu'on met en route d'autres fusées, ça fait patienter les spectateurs. Mais on se laisse tenter par une nouveauté : des espèces de petits papillons qui tournent sur eux-mêmes en partant du sol : le marchand garantit qu'ils sont extra. On a pris pas mal de choses déjà, mais il reste soixante francs à dépenser. Alors on prend deux petits tourniquets à clouer sur une planchette, et surtout une grande fusée bleue, à trente-cinq francs. Si celle-là rate…

Tous ces petits préparatifs en douce font oublier que c'est le dernier jour des vacances – bien sûr, on sera content de retrouver sa vraie maison, ses copains, mais c'est toujours un peu dur de laisser la maison d'été. Alors, tout l'après-midi, on se réfugie derrière la balançoire, où personne ne peut nous voir, et on prépare le feu. Grand-Père doit bien savoir pourquoi on lui a demandé toutes ces bouteilles vides, mais il a fait semblant de rien. Dans chaque bouteille, on met une fusée, la mèche bien dégagée à l'extérieur du goulot. Le plus long, c'est pour préparer les tourniquets. Il faut les fixer avec un clou sur un petit bout de bois. Si on enfonce trop le clou, la fusée ne peut pas tourner. Si on ne l'enfonce pas assez, elle se met à tourner de travers, et se bloque. Alors on s'excite et on se dispute même un peu en installant les tourniquets. Avec les cousins, c'est toujours comme ça – on se fâche et on se réconcilie dix fois dans la journée.

Le soir, au dessert, quand on dit qu'on veut tirer un feu d'artifice, les grands font des sourires entendus, en disant : « Quelle surprise ! » Ça fait partie du jeu. Ce qui compte, c'est qu'ils viennent s'asseoir près du portique – on a préparé les fauteuils de jardin, comme pour une séance de cirque. Grand-Père prête une lampe de poche et Grand-Mère des allumettes.

L'an dernier, le feu était complètement raté. Il avait plu l'après-midi, et le plus énervant, c'était d'entendre les adultes crier bravo comme si le spectacle avait été réussi. Mais cette année, on n'est plus des petits qu'on console gentiment. On va vraiment montrer quelque chose de beau. Coup de chance : les papillons sont sensationnels. Ils s'envolent très haut avec un frrrrt comique, et leur petite lueur phosphorescente semble ne jamais vouloir s'éteindre. On en garde quelques-uns pour la fin, puis on tire sans problème les fusées à boules, on allume les feux de Bengale – le vert est un peu rapide, mais le rose éclaire tout le jardin – pendant quelques secondes, la famille semble partie dans un voyage fantastique, au cœur de la fumée rose pâle. Le premier tourniquet est parfait : une gerbe dorée se met à tourner à toute vitesse. Le deuxième s'arrête un peu tôt – le clou était trop lâche. Heureusement, il reste des papillons, qui font toujours autant d'effet.

Et puis tout d'un coup, on se sent les mains moites, et on n'arrive plus du tout à gratter les allumettes. Est-ce que la fusée bleue va bien partir ? Ça y est, la mèche pétille. Elle est partie. Elle n'en finit pas de monter, et on retient son souffle. Elle ne va quand même pas se contenter de ce petit claquement sec ? Mais non. Une fleur bleu foncé se met à pleuvoir en pétales très doux. On croit que c'est fini, mais à ce moment-là une autre fleur naît, plus pâle, un peu argentée, et sa pluie tombe jusqu'à nous. Les grands applaudissent. On est très fiers, et tout de suite après on se sent à la fois heureux et tristes. Ce soir, sous les étoiles, on laissera les grands parler tout seuls. Un an c'est long. Est-ce que l'on peut garder tout un hiver, dans sa tête, la fleur bleue du dernier jour ?

Surtout, ne rien faire

Il y en a tellement peu, des moments vraiment creux, des moments à ne rien faire. Même le mercredi, tout est rempli. La musique, le sport, les leçons… On dirait que les grands ont peur du temps vide :

– Il me semble que tu n'as pas beaucoup de devoirs à faire, en ce moment !

Même le dictionnaire est d'accord avec eux. Quand on regarde à « faire », on lit : « Faire : v. trans. 3e groupe. »

« V. trans. », on l'a appris en grammaire, ça veut dire verbe transitif, avec un complément d'objet. On fait quelque chose. Et si on ne faisait rien ?

On se réveillerait dans sa chambre, un matin d'été. On entendrait un râteau dehors, sur le gravier. Il y aurait des rayons de soleil par les persiennes et une petite poussière blonde. L'oreiller serait tout chaud, mais de l'autre côté on trouverait un coin d'oreiller frais. Ça serait comme si on devenait la fraîcheur de l'oreiller, comme si on était un matin d'été. On ne penserait pas du tout au reste de la journée. On entendrait juste quelques voix tranquilles qui parleraient loin, à l'autre bout de la maison. On n'aurait même pas envie de prendre une BD. Non, simplement de rester comme ça, avec tout ce soleil dehors et cette fraîcheur de la chambre. On aurait oublié le nom du jour, et on se dirait juste qu'on est quelque part au milieu des vacances, peut-être au début du mois d'août, quand les parents se sont lassés de vous ennuyer avec les rédactions, les problèmes.

Et puis on finirait quand même par descendre prendre son petit déjeuner. On trouverait un petit mot sur la table, parce que tout le monde serait parti au marché. Alors, on prendrait son bol de chocolat, et on irait le boire allongé dans l'herbe, au fond du jardin, près du prunier. Plusieurs fruits seraient tombés dans la petite allée qui court autour du potager. De tout près, les prunes ne seraient pas mauves, mais bleu et rose, avec quelques grains de sucre collés sur la peau. Peu à peu on s'enfouirait dans l'herbe, pour regarder à travers les brins comme si c'était une jungle immense. Les sauterelles paraîtraient des monstres préhistoriques. On mettrait le bol blanc devant soi, et ça serait étrange de le voir fumer là, si chaud et paisible, au milieu des herbes hautes. Après deux ou trois gorgées, on n'aurait plus vraiment envie de boire : on contemplerait seulement cet océan de chocolat au milieu de la forêt tropicale. Le soleil serait plus chaud, et lancerait des petits éclats de lumière sur les parois du bol. On aurait l'impression de nager dans cette douceur sucrée, l'impression de devenir son bol de chocolat. On dirait qu'en faisant attention, on pourrait vivre comme ça tous les moments de la journée. On arrêterait le temps sur la balançoire, après le dessert, et le long du canal, pendant la pêche…

Être, rester, devenir. On l'a appris, en grammaire, ce sont des verbes d'état, pas des verbes transitifs. C'est ça, ne rien faire : être un matin d'été, rester allongé dans les herbes, devenir son bol de chocolat.

TABLE DES MATIÈRES

Achevé d'imprimer en Espagne par Novoprint
Dépôt légal : 4e trimestre 2013